疯狂的历史谜

金戈铁马的
中国古战场

崔钟雷　主编

黑龙江美术出版社

杨牧之

国务院批准立项
国家重大出版工程 《中国大百科全书》总主编

1966年毕业于北京大学中文系，中华书局编审。曾经参与创办并主持《文史知识》（月刊）。1987年后任国家新闻出版总署图书司司长、副署长。第十届全国人大代表、教科文卫委员会委员。现任《中国大百科全书》总主编、《大中华文库》总编辑、《中国出版史研究》主编。

崔钟雷主编的"疯狂十万个为什么"系列丛书、百科全书系列丛书，是用中国价值观、中国人喜闻乐见的形式，打造的送给孩子们的名家彩绘版科普读物。我祝贺它们的出版。

杨牧之
2018.1.9
北京

编委会

总　顾　问：杨牧之

主　　　编：崔钟雷

编委会主任：李　彤　　刁小菊

编委会成员：姜丽婷　贺　蕾
　　　　　　张文光　翟羽朦
　　　　　　王　丹　贾海娇

图书设计：稻草人工作室

▪ **崔钟雷**
2017年获得第四届中国出版政府奖"优秀出版人物"奖。

▪ **李　彤**
曾任黑龙江出版集团副董事长。
曾任《格言》杂志社社长、总主编。
2014年获得第三届中国出版政府奖"优秀出版人物"奖。

▪ **刁小菊**
曾任黑龙江少年儿童出版社编辑室主任、黑龙江出版集团出版业务部副主任。2003年被评为第五届全国优秀中青年（图书）编辑。

前言
PREFACE

　　你还在为了考出好成绩而死记硬背吗？你还在为枯燥难懂的理论而烦恼吗？不要浪费时间了，疯狂的课堂正在等着你！这绝不是一套普通的科普图书！翻开这套书，你一定会对它欲罢不能。

　　本套丛书与新课标考试要点相结合，以学科为分类标准，将异彩纷呈的知识点和小故事巧妙地融入其中，让你在轻松的阅读中巩固课本知识，牢记知识点。不仅如此，我们还在每一篇文章中设置了考点归纳板块，目录上更是标明了每个故事的知识要点，使你的思路变得更加清晰。本书最后"疯狂的考点测试"环节则会让你将知识记得更牢固！曾经让你挠头不已的问题现在都将被你轻松掌握。

　　另外，幽默风趣的人物对话、别具一格的原创绘图和创造性的漫画式排版也是本套丛书的一大特色，拟人化的人体器官、Q版的历史名人都在书中被赋予了鲜活的生命，他们会用自己独特的方式来引导你和知识"做朋友"。

　　还在等什么？赶快翻开这本书，住在书中的朋友们已经迫不及待地想要和你一起玩转课堂，畅游知识海洋了呢！

编者

目录
Contents

疯狂的历史课

金戈铁马的中国古战场

牧野之战：三千年前的闪电战

商朝是中国古代有文字记载的第一个王朝，是继夏朝之后中国历史上的第二个朝代。自商汤灭夏建立商朝后，商朝共延续了 500 多年，在王位传至第 31 位国王帝辛时，已是危机四伏。这第 31 位国王，就是我们熟知的商纣王，也是我们这篇故事的主角之一。

反派主角——商纣王

关于商纣王的种种记载及传说已经家喻户晓。但你或许不知道，"纣王"并不是他的正式帝号，而是后人给他的谥号。他的本名为受德，帝号辛王，也叫"帝辛"。帝辛三十多岁嗣位，血气方刚，威武有力。他手格猛兽、神勇冠绝、能言善辩、精通音律，但也性好美色、刚愎自用。他统治的后期，荒淫无度、残暴不仁。与宠妃妲己整日玩乐游戏，彻夜长醉。

"商纣王沉迷女色，统治残暴。今天，我姬发奉天命对他进行惩罚。"

正面主角——周武王

周武王是周文王的儿子，姓姬，名发，谥武。周本来只是一个小小的部落，但是在周文王的统治下日渐强盛，百姓安居乐业。周文王看不惯纣王的荒淫无道，决定起兵反抗。不过壮志未酬，他就去世了。周武王继承了父亲的遗志，继位之后重用贤臣，国力日益强盛。约公元前 1048 年，周武王在孟津举办诸侯大会，前来会盟的诸侯竟有 800 个。这次会盟，确定了周的盟主地位，但是武王认为灭商的最佳时机并未到来，所以引兵暂退。

剧情简介

孟津大会两年之后,商纣王的荒淫好战、苛捐重税使商朝国困民乏。周武王觉得讨伐商纣王的好机会来了,便亲率战车 300 辆,虎贲之师 3 000 人、甲士 45 000 人东进伐商,并遍告诸侯重新会师于孟津,此次孟津会师正式揭开了牧野之战的序幕。

牧野之战

1 月 26 日,周武王率军东进,于 2 月 21 日到达孟津与各诸侯会合。2 月 26 日进至牧野。2 月 27 日清晨,周武王庄严誓师,面对联军慷慨陈词,声讨商纣王的种种暴行。而商纣王在 2 月 28 日清晨才知道,讨伐他的大军已经到了家门口。

在牧野之战中,联军先由八十多岁的老将姜尚率数百名精兵上前挑战,震慑商军并冲乱其阵脚,然后周武王亲率主力跟进冲杀,将对方的阵形彻底打乱。前线被突破,联军战车快速推进,霎时间,商军十余万人如同潮水一般退去。

考点 聚焦

● 约公元前 11 世纪,周武王发兵灭了商朝建立了西周。"武王伐纣"是我国古代著名的反抗暴政的正义之战。

大败之后,商纣王眼见大势已去,就来到当初自己花费巨资修建的鹿台。他点燃了鹿台,自己也跳进了熊熊火海之中。

据《逸周书·世俘》描述:"周武王在牧野之战中大获全胜,击毙商军18万人,生俘33万人,捕猎虎、熊、犀牛和鹿等动物一万多头,并得到了大量的珠宝财物,仅佩玉就有18万块。"虽然一些历史学家认为这些数据有夸大的成分,但是仍足以证明周军在这场战役中所向披靡。

牧野之战,又称"武王伐纣",是我国古代战争史上典型的以少胜多、以弱胜强的著名战例。这一战之后,商朝在史书上画上了句号,而周王朝开始了新的篇章。

"一鼓作气"战长勺

长勺之战是春秋战国时期,齐桓公和鲁庄公之间的争战。齐桓公因为鲁国支持齐国的公子纠,对鲁庄公非常不满。鲁庄公却因为公子纠没有当上齐国国君,对齐桓公极为仇视。齐桓公仗着自己强大的实力,想报这个私仇,如果能顺手拿下鲁国,得是多大的好事啊。哪想到,鲁国出了个曹刿,让他的美梦彻底破碎!

"我小白怕过谁!"

疯狂的历史老师说

齐桓公可是个很了不起的人。他姓姜,名小白,是姜子牙的第十二代孙。在齐桓公执政以前,管仲曾用箭射过他,但齐桓公不记私仇,仍重用管仲治理国家,使得齐国发展得非常强大。而且齐桓公还是"春秋五霸"中最早称霸的一位君主呢!

公元前 684 年春,齐桓公大举伐鲁。鲁庄公闻报,决定动员全国的力量迎战。就在发兵之时,有一个叫曹刿的人请求随同鲁庄公一起奔赴战场。

"您觉得自己凭什么能打败齐国?"

曹刿

鲁庄公

明白了自己取胜的资本，鲁庄公接受了挑战，正式与齐国开战。

"来打我们啊！胆小鬼！"

鲁庄公在曹刿的建议下暂时避开齐军锋芒，撤退到有利于反攻的长勺。齐军以为鲁军不堪一击，两次发起声势浩大的攻击。曹刿认为应"宜静以待"，不能出击。鲁庄公遂令鲁军固守阵地，只令弓弩手射击，以稳住阵势。

"什么情况？被吓成这样吗？"

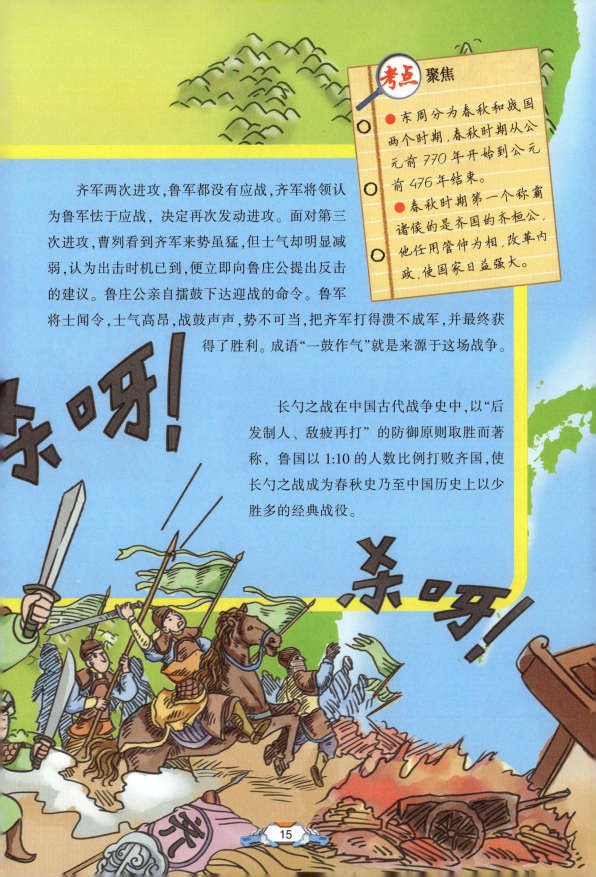

考点 聚焦

● 东周分为春秋和战国两个时期，春秋时期从公元前770年开始到公元前476年结束。

● 春秋时期第一个称霸诸侯的是齐国的齐桓公，他任用管仲为相，改革内政，使国家日益强大。

齐军两次进攻，鲁军都没有应战，齐军将领认为鲁军怯于应战，决定再次发动进攻。面对第三次进攻，曹刿看到齐军来势虽猛，但士气却明显减弱，认为出击时机已到，便立即向鲁庄公提出反击的建议。鲁庄公亲自擂鼓下达迎战的命令。鲁军将士闻令，士气高昂，战鼓声声，势不可当，把齐军打得溃不成军，并最终获得了胜利。成语"一鼓作气"就是来源于这场战争。

长勺之战在中国古代战争史中，以"后发制人、敌疲再打"的防御原则取胜而著称，鲁国以 1:10 的人数比例打败齐国，使长勺之战成为春秋史乃至中国历史上以少胜多的经典战役。

退而求胜的城濮之战

小笨熊

"退避三舍"是退回多远呢？古代以 30 里为一舍，三舍也就是 90 里。这一成语出自晋文公靠退让而赢得胜利的战争——城濮之战。

城濮之战发生在公元前 632 年，它是春秋时期晋、楚两国为争夺中原霸主地位而进行的第一次战略决战。晋国当时具备了争夺中原霸主地位的强大实力，这让楚成王很是不爽。因为宋国以前是依附楚国的，但是又投靠了晋国，损了楚国的面子，于是楚国决定出兵攻打齐、宋，并想借此来扼制晋国势力的东进和南下。晋国也不甘心受制于人，于是以救宋为名，出兵中原。

"重耳是什么东西？是耳朵很特别吗？"

当时晋国的执政者是晋文公（名重耳），他曾经在外流亡多年，到楚国时，得到了楚成王的帮助。离开时，他对楚成王作出承诺，一旦晋楚两国交战，晋军定要退避三舍，以报相助之恩。

楚成王

晋文公

● 城濮之战发生在公元前632年,它是晋、楚两国为争夺霸主地位而进行的第一次战略决战。

● 城濮之战使晋文公成为了中原霸主。

"小鬼,你们老大都拿我没辙,你们还敢来和我叫嚣,这叫战略懂不懂,懂不懂……"

晋文公

城濮交战之前,楚成王凭借绝对优势,有恃无恐,而晋军则处于劣势。战争开始时晋军撤了九十里,到城濮才停下来布阵,楚军派大将斗勃向晋文公下了战书。晋文公仍很谦虚地回答说:"贵国的恩惠,我们从来不曾忘记。既然退避三舍你们仍不罢手,那么只好在战场上比个高低啦。"

"呵呵!中计了!"

晋文公信守承诺,晋军将士对此很不服气。他们还认为,晋国带兵出战的是晋文公,楚国却只是一员大将,以君避臣,岂非侮辱?但晋文公解释说,若不退兵,就是违背诺言的无礼之举,无理必败。

"看我们人多吧!有实力!"

晋军后退,楚军更加猖狂,这一下,反倒使晋军得理,士气大振。为了战胜楚军,他们利用虎皮蒙马的假象吓唬敌人。进攻时,晋军一匹匹蒙着虎皮的战马冲向敌阵,楚军以为是真老虎冲过来了,吓得急忙后退。晋军乘胜追击,占领了楚国营地。诱敌深入是城濮之战大胜的原因,晋国因此名声大震,楚国多年不敢再进攻中原。战后,晋文公在践土会盟诸侯,周襄王正式册封他为"侯伯"。至此,晋文公"取威定霸",成为中原霸主。

孙膑"掐算"的马陵伏击战

战国中期,有七个实力强大的诸侯国崛起,分别是齐、楚、韩、赵、魏、燕、秦,它们合称为"战国七雄"。

围魏救赵

公元前354年,魏国入侵赵国,实力弱小的赵国便向齐国求助。齐王派田忌和孙膑率军援救赵国。孙膑认为魏国肯定把精锐部队都派了出来,国内一定空虚,就假装进攻魏国首都大梁,魏国主将庞涓中计,连忙赶回应战。于是,孙膑在庞涓回国途中的桂陵设下埋伏,大败魏军并生擒庞涓。庞涓不服气,于是孙膑将庞涓放了,这才有了后来的马陵伏击战。

"灶坑"成就的伏击战

经历了桂陵之战的惨败，魏国非但不自我反省，休养生息，反而希望能够通过进攻弱小的韩国，来弥补自己的损失。于是，韩国也学着赵国的样子，向齐国求助，齐威王又一次答应了。这可不是因为齐威王乐于助人，他其实是有着自己的打算。因为孙膑建议他，救韩和救赵一样，既不能不救，也不能早救，要等到魏、韩两国火拼一番之后，才能出兵救援，这样"尊名"与"重利"皆得，可以坐收渔翁之利。

齐威王　韩昭侯　魏惠王

"放心！我们还能再骗他们！"

"军师！我们骗不了他们了！"

于是，在韩国拼命抵抗、五战皆败之后，齐威王见时机已到，便委任田忌为主帅、田婴为副帅、孙膑为军师，率领齐军直逼魏国首都大梁，想再度施展"围魏救赵"的计谋。不过，这回魏国没有再上当，魏惠王见齐国出兵，立刻停止攻打韩国，转向齐国。他任命太子申为上将军，以庞涓为将，统率10万魏军攻向齐军，要与齐军一决雌雄。而这时齐军已深入魏境，不能后退，只好选择迎战。

孙膑熟悉魏军的特点，他们自恃强悍善战，所以轻视齐军。于是，孙膑就决定打心理战，主帅田忌听了他的计谋也高兴地采纳了。究竟是什么计谋呢？

原来,孙膑佯装战败后撤,并以"减灶"之策诱敌,造成齐军士卒四散逃走、兵力不足的假象。庞涓毫不知情,认定齐军已经溃败,于是只身带着部分精锐骑兵,日夜兼程追击齐军。孙膑却在魏军必经之处——马陵设下埋伏。

马陵的通道狭窄,周围都是林木,而且地势险阻,只要庞涓进入马陵,便无路可退。孙膑料到庞涓会在晚上赶到,就让一万名弓箭手埋伏于马陵的道路两侧,还把路旁的一棵大树的树皮剥掉,在上面刻上"庞涓死于此树下"的字样。庞涓果然如孙膑所料,按时赶到,可他连树上的字还没看完,就淋了场"箭雨"。见局势已定,庞涓挥剑自刎。齐军再次乘胜追击,歼灭魏军10余万人,并俘虏了魏军的主帅太子申,至此,马陵之战以魏军大败而结束。

称霸东方

齐国在桂陵之战和马陵之战两次大获全胜,并且成功援救了赵、韩两国,拥有极大的威望,国力也得到迅速发展,**成为当时数一数二的强大国家,称霸东方**。孙膑也的确如庞涓临终时所说,由此名震天下,实现了他的宏伟抱负。

长平之战：惨烈的"纸上谈兵"

战争是这样开始的

战国时期，**由于商鞅变法得当**，秦国国势如日中天，战场捷报频传，对其他六国构成了战略进攻态势。此时，秦要统一六国，首先就要扫除**晋国分裂出的赵、魏、韩三国**，打通东进的道路。于是，秦国想要将韩国拦腰截为两段。这个消息一传出去，韩国上下陷入恐慌，韩王赶忙遣使入秦，想用献上党郡的方法向秦求和。

然而，韩国上党郡太守冯亭却不愿献地入秦，而是做出了献上党之地于赵国的选择。他的用意是转移秦军锋芒，促成赵、韩携手，联合抵御秦国。赵王欣然受地，并将上党郡并入赵国版图。赵国的这一举动引起秦、赵之间的矛盾激化，秦王趁机出兵攻赵。公元前260年农历四月，秦军扑向赵国，攻打上党。赵国遂令廉颇为将抵抗，但因赵国兵力不足，廉颇退守长平。

"你一个小小的郡守居然瞧不起我秦昭王？"

兵临城下急换将

秦赵双方僵持多日，赵军损失巨大。廉颇根据敌强己弱、初战失利的形势，决定采取"坚守营垒以待秦兵进攻"的战略。秦军多次挑战，赵国也不出兵，赵王为此屡次责备廉颇。

这时，秦国派人携千金向赵国权臣行贿，用离间计散布流言说："秦国所痛恨和畏惧的，是

赵奢之子赵括,廉颇容易对付,他快要投降了。"赵孝成王听信流言,便派赵括替代廉颇为将,命他率兵击秦。

听说赵孝成王要启用赵括,蔺相如和赵括的母亲先后向其进谏。他们认为,赵括只适合"纸上谈兵",不可实际领军作战。但赵孝成王不明事理,不听良言相劝,最后还是召回廉颇,启用赵括。

赵括大败

赵括上任之后，一反廉颇的部署，不仅临战更改部队的制度，而且大批撤换将领，使赵军军心涣散，战斗力下降。秦昭王见赵孝成王中了计，便暗中命白起为将军，王龁为副将，对赵孝成王开战。白起到任后，针对赵括没有实战经验、求胜心切、鲁莽轻敌等弱点，采取了"诱敌入伏、分割包围，而后予以聚歼"的作战方针，对兵力作了周密细致的部署。

战局的发展果然按照白起所预定的方向进行。对秦军动态盲昧无知的赵括统率赵军主力向秦军发起了大规模的出击，秦军的诱敌部队佯败后撤。鲁莽的赵括不问虚实，立即率军追击。

当赵军前进到秦军的预设阵地——长壁后，即遭到了秦军主力的强力反攻，攻势受挫。赵括欲退兵，但为时已晚，预先埋伏于两翼的秦2.5万奇兵迅速出击，构成了对赵军的包围，并切断赵军的所有粮道。

赵军被秦军围困一个多月，粮草早已用尽。绝望之中，赵括孤注一掷，亲率赵军精锐部队强行突围，结果仍遭惨败，连他本人也死于秦军的箭镞之下。

赵军失去主将，斗志全无，遂不再抵抗，40余万饥疲之师全部向秦军解甲投降。

"这秦兵果然不堪一击！兄弟们！给我上！"

赵括

坑杀四十万降兵

赵国 40 万士兵虽已投降，但在白起眼中，这 40 万降兵依然是种威胁。于是白起定计，把绝大多数赵国降兵坑杀，只留下 240 个年纪小的士兵放回赵国报信，用以宣传秦国的强大与恐怖。

考点聚焦

- ● 战国时各主要诸侯国的位置——北燕南楚、西秦东齐、上中下是赵魏韩。
- ● 赵、魏、韩是由春秋时期的晋国分裂而来的。
- ● 秦国成为战国七雄中实力最强的国家，主要原因是实行商鞅变法。战国时期，地处最西边的诸侯国是秦国。

疯狂的历史学家说

长平之战，前后耗时 3 年，被后人认为是战国形势的转折点。长平之战也是我国历史上时间最早、规模最大的包围歼灭战，集中了战国时期最优秀、最杰出的军事战略家——廉颇、白起等将领的参与，展现了中国古代先进的军事水平。这场战争，令秦国国力大幅度超越同时期其他各国，极大地加速了秦国统一的进程。

这 40 万人几乎是赵国全部的成年男子，从此赵国元气大伤，一蹶不振。白起也因一手导演了这起中国历史上规模最大、最残忍的屠杀俘虏事件而遗臭万年。

"你们当中身体强健的要跟我回秦国做俘虏，年老体弱、伤残幼小的都会被放归赵国。"

白起

"传令下去，凡是秦兵要用白布裹头，凡是没有白布裹头的，都是赵人，全部杀死！"

"破釜沉舟"赢得巨鹿之战

想当初，灭六国、一统华夏大地的嬴政信心满满地给自己起了一个"始皇帝"的称号，还做着"二世三世至于万世，传之无穷"的美梦。可他一定没想到，不仅自己没能长生不老，就连自己的儿子也不争气，在自己死后仅仅四年，秦王朝就灭亡了。

"我一定会取代他的！"

大丈夫项羽

项羽是楚国名将，他虽然力能扛鼎、气压万夫，却对兵法不感兴趣，只学了一段时间就不学了。不过他却怀有远大的志向。一次秦始皇出巡，渡浙江，也就是现在的钱塘江。项羽看见他的车马仪仗威风凛凛，就对叔叔项梁说："我一定会取代他的！"

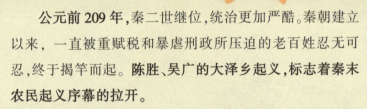

公元前 209 年，秦二世继位，统治更加严酷。秦朝建立以来，一直被重赋税和暴虐刑政所压迫的老百姓忍无可忍，终于揭竿而起。**陈胜、吴广的大泽乡起义，标志着秦末农民起义序幕的拉开。**

项羽也随叔叔项梁在吴中刺杀太守殷通，举兵响应，这场战役里，项羽独自斩杀殷通的卫兵近百人，第一次展现了他精湛的武艺！24 岁的项羽，带领八千吴中反秦起义军，登上了历史舞台。第二年六月，项梁采纳谋士范增的计策，自号武信君，并立楚怀王芈心为王。之后，项梁率起义军大破秦军于东阿、定陶。项羽和刘邦也率军攻占城阳，赢得雍丘之战的胜利。

破釜沉舟

秦二世二年(公元前 208 年)，秦军上将军章邯打败并杀死项梁后，认为楚地已不足为患，就率领 20 余万秦军北上攻赵，又调 20 万秦军南下，在巨鹿围困赵王赵歇。无奈之下，赵王悄悄派使者向楚怀王和其他诸侯求援。但是，秦军当时十分强大，没有人敢去帮忙，只有楚怀王派出了以卿子冠军宋义为上将军、鲁公项羽为次将、亚父范增为末将的楚军北上以解巨鹿之困。

然而，楚军行进到安阳的时候，宋义命令大军停留了 46 天不前进。当时阴雨连绵，楚军缺衣少粮，处于困境之中，可是宋义依旧坚持己见。第 47 天早上的时候，项羽当机立断，一剑杀了宋义，迫使楚怀王任命他为上将军，并立即挥师北上救赵。

"等秦、赵两国两败俱伤，我们再坐收渔翁之利，我们就在这里等着吧！"

宋义

项羽

楚

27

但是，楚军的兵力远远少于秦军，项羽就先派英布、蒲将军率两万楚军渡河，突袭秦军甬道，获得几场小胜，希望能借此鼓舞士气。十二月，项羽亲自率全军渡河，并下令将炊具打破，将船只凿沉，每人只带三天的干粮，以表明拼死一战的决心。

果然，楚军将士在项羽的激励下士气高涨，作战十分勇猛，一举击破了秦军勇将苏角的军团。此时项羽再战王离、涉间军团，并且九战九捷。项羽也身先士卒，奋勇厮杀，激励将士，终于大败秦军，赢得了巨鹿之战的胜利。

名存实亡

巨鹿之战是秦末农民战争所取得的一场巨大胜利。通过这场战役，秦军的主力基本上被摧毁，反秦斗争胜利的基础被奠定，甚至可以说，经过这场战役，秦朝已是名存实亡了。

不过遗憾的是，最大的功臣项羽并没能得到近在咫尺的、属于他的天下。刘邦趁着项羽北上救赵、俘虏王离、迫降章邯无暇顾及的时机，率先乘虚而入，进入关中。一直到**公元前207年10月**，秦王子婴向刘邦投降，宣告了秦朝的正式灭亡。

考点 聚焦

● 公元前209年，陈胜、吴广领导的秦末农民起义在大泽乡爆发，这是中国历史上第一次农民起义。

● 使秦朝灭亡的重要战役：巨鹿之战。公元前208年，项羽以少胜多，在巨鹿大败秦军主力。公元前207年，秦朝灭亡。

"真正坐收渔翁之利的是我！真正聪明的人也是我！"

刘邦

成王败寇，或许是历史的选择，但是历史却永远不会遗忘这位桀骜不驯的大丈夫、慷慨无畏的西楚霸王——项羽。

小笨熊

霸王输掉的楚汉战争

项羽

"哈哈,我比你快一步!"

刘邦

在秦末农民大起义中,刘邦和项羽是反秦武装的两大主力。秦朝灭亡后,按照原来楚怀王"入定关中者王之"的约言,刘邦先入咸阳,被封为"汉王"。项羽自立为"西楚霸王"。项羽因此耿耿于怀,为争夺王位,两个曾经的战友开始了长达四年的"楚汉之争"。

『我们这时候放过那小子,就等于是放虎归山呀。』

彭城之战

项羽和刘邦约定以鸿沟(今河南荣县境内贾鲁河)作为界限,互不侵犯。不过刘邦一直想找机会消灭项羽。

公元前 205 年,刘邦以项羽杀害了楚义帝为借口,打着为义帝报仇讨逆的口号,对项羽进行讨伐。项羽在得到了情报后,亲自率军南下。此时刘邦已经攻下了彭城,一时的喜悦冲昏了他的头脑,就在

他粗心大意时,却被项羽打了个措手不及,汉军节节败退,逃回了荥阳,连刘邦自己都差点被俘。

京索之战

彭城一战，让刘邦的势力一落千丈，他的父母亲也被楚军捉住，当做人质，项羽威胁说要将他们煮来吃了，不过刘邦可没吃这一套，还笑着对项羽说："分我一杯羹可好？"简直把项羽气得发疯。不久之后，刘邦重新收拾残余势力，又游说九江王英布归顺，英布叛楚归汉，加上萧何派来的援军和韩信帮助刘邦，结果汉楚在京索之间相遇，楚军吃了败仗。

鸿门宴

公元前206年，项羽在秦朝都城咸阳郊外的鸿门举行了一次宴会，邀请刘邦参加。表面上，这个宴会只是品尝美酒佳肴，其

实却暗藏杀机。

项羽的亚父范增，在酒宴上一直暗示项羽发令杀掉刘邦，项羽却犹豫不决。于是范增对手下项庄说：

"项庄，你去舞一下剑，为我们助兴。"

项庄知道范增是要让自己趁机杀掉刘邦。项伯也知道范增的意思，为了保护刘邦，也拔剑起舞。

就在这个紧急关头，刘邦的部下樊哙拿着剑和盾牌闯入了宴会，凶狠地看着项羽。项羽赐给他一杯酒，他一饮而尽。项羽问他："你还能喝吗？"樊哙说："我连死都不怕，一杯酒有什么值得推辞的！"而刘邦趁这个时候悄悄地溜走了，气得范增大骂项羽说："这个小子不值得与他办大事，到时与霸王争夺天下的必是刘邦，我们都会成为刘邦的俘虏！"

垓下之战

刘邦注意收揽民心,知人善任,军事实力逐渐超过项羽。刘邦还听从了张良的建议,以割地为条件分别让齐王韩信、魏相彭越帮助自己一起攻楚。公元前202年,刘邦的联军约60万人,将10万楚军包围在了垓下。

四面楚歌

垓下之战中,刘邦的联军布置了几层兵力把项羽紧紧围住。刘邦的谋士张良想出来了一个好主意,想把项羽置于死地。夜里,汉军唱起了楚地的民歌,楚军以为汉军完全夺取楚地,便开始哀伤自己家园的丧失,士气顿时崩溃,连项羽也上当了,不禁问道:"难道刘邦已经得到了楚地吗?为什么他的军队里面有这么多楚人呢?"

随后，项羽在营帐里面喝酒，对着他最宠爱的美人虞姬唱道："力拔山兮气盖世，时不利兮骓不逝，骓不逝兮可奈何？虞兮虞兮奈若何？"虞姬听了，心如刀绞，便拔剑起舞，一边跳舞一边唱歌，等到歌舞停歇的时候，虞姬自刎身亡，以报情人知遇之恩。

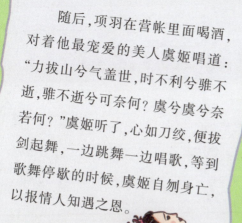

项羽随后率兵南逃，而刘邦紧追不放。当项羽逃到乌江边时，他的身边只剩下 28 个士兵。项羽知道自己已是绝路一条，面对部下向他提出的渡过乌江东山再起的建议。项羽更觉得自己没有脸面见江东父老，于是拔剑自刎。

从那以后，人们就用"四面楚歌"这个成语，形容遭受各方面攻击、逼迫时的孤立境地。

打败了项羽后，公元前 202 年，刘邦建立汉朝，定都长安，历史上称为"西汉"。

"您赶紧去江东吧，那里虽然地方小，但您还可以在那里称王的。"

"八千子弟就剩我一人回去，就算江东父老能原谅我，我自己也不能原谅自己。"

攻城掠地的官渡之战

战争背景

东汉末年,各地州郡形成了大大小小的割据势力。在这些割据势力的连年征战中,袁绍、曹操两大集团逐步壮大起来。在军阀混战中,由于曹操控制了汉献帝,获得了"挟天子以令诸侯"的有利条件,逐渐占据了黄河以南的大部分地区,形成了与袁绍集团隔黄河对峙的局面。

虎视眈眈

就当时形势而言袁强曹弱。袁绍地广人众,可动员的兵力在 10 万

内忌、好谋无决,所以一直相信局势会向着有利于曹操的方向发展。

自大的袁绍自然不甘屈居于曹操之下,决心同曹操一决雌雄。公元 199 年 6 月,袁绍挑选精兵 10 万,战马万匹,企图南下进攻许昌,官渡之战拉开序幕。

以上。曹操则处于易受攻击之地,除了北方的袁绍,关中诸将尚在观望,南边刘表、张绣不肯投降,东南孙策蠢蠢欲动,暂时依附的刘备也是貌合神离。尽管如此,当时的一些有识之士,包括曹操的谋士荀彧、郭嘉,还在张绣麾下的贾诩,以及凉州从事杨阜,在综合分析了曹、袁的优劣后,认为袁绍外宽

"我看好你呦!"

"那袁绍优柔寡断,还是曹操比较靠谱!"

官渡之战

公元 200 年 2 月，曹操军与袁绍军相持于官渡。袁绍亲率大军进攻黎阳，并派遣郭图、淳于琼和颜良进攻东郡太守刘延驻守的白马。刘延本来兵势微弱，又被颜良军围困，情况万分紧急。曹操决定率兵救刘延。谋士荀攸建议曹操，让他亲自带兵到延津，假装要渡河袭击袁绍的后方，这样袁绍就会分兵西应。此时可以突袭白马，打颜良一个措手不及。曹操依计行事，袁绍果然中计，白马之围解除。

袁绍又派大将文丑渡河追击曹军。但是曹操当时身边只有骑兵 500 余骑，危急之中，曹操命令众人解鞍放马，又把刀、马鞍和马匹等全都丢弃在袁军追来的路上。不久，文丑的追兵赶到了。在那个兵荒马乱、物资匮乏的年代，这些追兵见到曹军丢弃的东西，竟然忘了自己要来干什么，纷纷你争我抢，乱作一团。曹操见状，命令埋伏的 500 多骑兵立即向袁军冲杀，袁军顿时溃败，大将文丑被斩首。

袁军经过这次战役，接连损失了颜良、文丑两员大将，便退军阳武。曹操也回到官渡固守。

不过，袁绍可不会就此偃旗息鼓。8 月，袁绍兵临官渡，再次与曹军对峙。当时曹操手下的兵力不到一万，而且差不多五分之一是伤兵，几次与袁绍的对战都失败了。但是曹操可不是逆来顺受的人，他与袁军的对抗从未停止。

就这样，双方相持了一个多月。公元 200 年 10 月，袁绍派车运粮，派淳于琼等 5 人率一万多兵力护卫，把粮草屯积在了袁军大营以北 20 千米的乌巢。

奇袭乌巢

袁绍的谋臣许攸建议袁绍派轻骑趁夜突袭许昌，但是袁绍却不理他。而正好这时许攸家中有人犯法，他的政敌借此机会扣押他的家人以此打压许攸。许攸一怒之下，投奔曹操。

许攸建议曹操奇袭乌巢，曹操也正想奇袭袁绍，于是采纳其言，当机立断，派曹洪、荀攸守官渡大营，自己亲率士兵5 000人，连夜出发，假装是袁军，到达乌巢放火烧粮。直到天亮，袁绍才派骑兵赶到乌巢，同时又派张郃、高览攻打曹军官渡大营，企图断曹操的后路。

"敌军到了我背后再告诉我！"

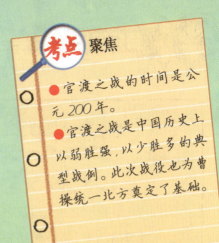

考点聚焦

○ ● 官渡之战的时间是公元200年。

○ ● 官渡之战是中国历史上以弱胜强，以少胜多的典型战例。此次战役也为曹操统一北方奠定了基础。

○

当增援的袁军骑兵逼近乌巢时，曹操下属都请求分兵抵挡，没想到曹操却大为震怒，说："敌军到了我背后再告诉我！"

众将士听了，也都不再分心，殊死拼杀，最终大破乌巢守军，擒杀袁将淳于琼。攻打曹军大营的张郃、高览二将听说淳于琼兵败，又听说袁绍开始怀疑他们，索性向曹操投降。曹操乘势挥军杀向袁绍，袁军大败，袁绍仓皇逃往河北。

取胜原因

经过一年多的对峙，官渡之战以曹操的全面胜利而告终。曹操以2万左右的兵力出奇制胜，击破袁军10万，使得**官渡之战成为中国历史上以弱胜强、以少胜多的典型战例**。曹操以其非凡的才智和勇气，写下了他军事生涯中最辉煌的一页。公元202年，袁绍因兵败忧郁而死，曹操乘机彻底击灭了袁氏军事集团。5年后，曹操又征服乌桓，统一了北方。

赤壁之战：群雄争天下

三国时期著名的三大战役有官渡之战、赤壁之战和夷陵之战，其中最著名的就是赤壁之战。赤壁之战是唯一的一场孙权、曹操、刘备各家都派出主力参与的战事，是中国历史上以弱胜强的经典战例，也是我国第一次在长江流域爆发的大规模水上战争。

曹操南取荆州

曹操在官渡之战后，于公元207年又北征乌桓，基本统一了北方。所以，他打起了小算盘，决定挥师南下，完成他的统一大计。

公元208年7月，曹操率兵南下，8月，时任荆州牧的刘表因病去世。继任荆州牧的刘表的儿子刘琮一点儿都不争气，当他得知曹操带兵来到了家门口，竟然毫不抵抗，拱手投降。

而依附于刘表、屯兵于樊城的刘备却对这一切毫不知情，直到9月曹军到达附近时才发现，刘备既惊骇又气愤，只好弃樊南逃。

曹刘相争

刘备虽然是汉朝宗室，但幼年丧父，家境贫寒，小时候还和母亲一起卖过草鞋。因为他为人谦逊，很多有识之士愿意跟从他，除了"桃园三结义"的兄弟关羽、张飞之外，卧龙先生诸葛亮、常山赵云赵子龙也都忠心辅佐他。甚至连刘琮的部下和很多荆州人都前来投靠刘备，导致刘备大军的行军速度大大减慢。

孙权的谋臣鲁肃自告奋勇，以为刘表吊丧为借口，探听刘备等人的消息。在得知刘备南逃之后，鲁肃就来到长阪与刘备会面，劝说刘备与孙权连合。刘备觉得这个主意可以解燃眉之急，就答应了，于是转向东行。

曹操紧追其后，刘备只好先与张飞、赵云、诸葛亮等人一起逃走。曹操虽然没有捉到刘备，但是却得到了军马、辎重和粮草等不计其数。刘备得以逃生，与关羽的水军会合，并与刘表长子江夏太守刘琦率领的一万余人退至夏口。而曹操亦没有继续追击刘备，而是赶往江陵。在占领江陵并且安顿好吏民之后，曹操留部下曹仁驻守江陵，自己亲率大军继续东征。

赤壁之战

在诸葛亮的游说下,孙权答应和刘备联合,共同对抗曹操,又提出了"三分天下"的建议。孙权的手下有一位有勇有谋的大将——周瑜。孙权派周瑜和大将军程普前往协助刘备,而周瑜观察曹军之后,得出了与诸葛亮一样的看法。

周瑜进一步分析了曹军的实际力量,指出来自中原的曹军不过十五六万,而且所得刘表新降的七八万人,人心并不向曹。于是孙权心意坚决,以周瑜和程普为左右都督,鲁肃为赞军校尉

周瑜

"诸葛亮说得对!"

帮助筹划,率领黄盖、韩当、吕蒙、凌统、甘宁、周泰和吕范等将领及 3 万兵马沿江而上,与刘备共同抗曹。

其实,曹操的水军都是旱鸭子,为了避免士兵晕船,曹操下令把船都连起来,这样船在航行时就会平稳一些。正如周瑜的分析一样,曹操的水军战斗力很弱,再加上瘟疫横行,曹操的水军根本不堪一击。

周瑜的部将黄盖发现曹军竟然把船都连起来了,就建议周瑜实行火攻。周瑜采纳了黄盖的建议,决定使出苦肉计,打了黄盖一顿后让黄盖诈降,以接近曹操的战船。这就是"周瑜打黄盖,一个愿打,一个愿挨"的故事。

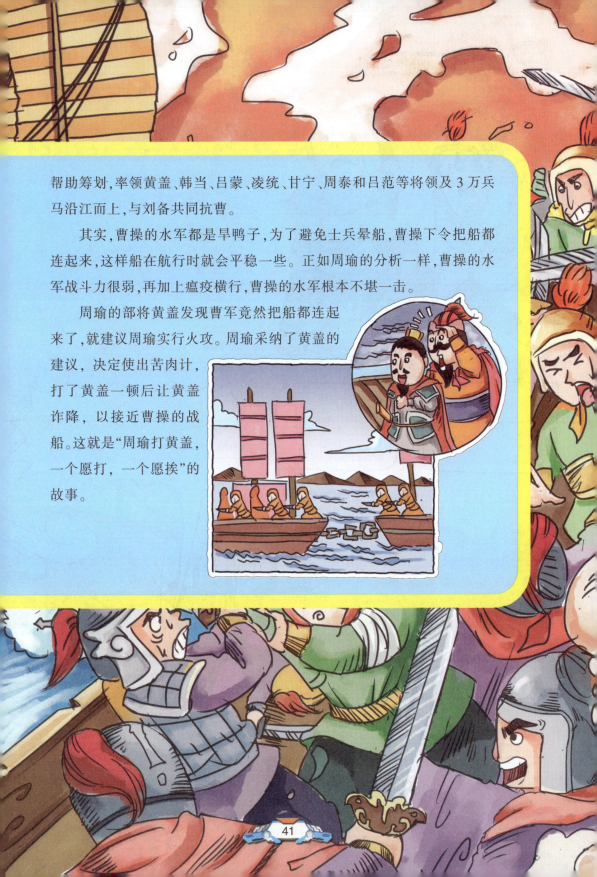

黄盖诈降接近了曹军,当这个情报传到曹营的时候,曹操深信不疑。到了黄盖约定投降的日子,黄盖准备了伪装好的 10 艘轻舟,满载薪草膏油向曹营驶去。

"周瑜你这个卑鄙小人!"

"不就是演戏吗?怎么打得这么狠?"

"我要投降!挨了这么一顿板子,我容易吗!"

当时东南风急,10 艘船在江中顺风而前,黄盖手擎火把,高喊"投降"向曹军而来。在离曹军大概一千米左右时,黄盖命令士兵点燃柴草,火烈风猛,船就像是着火的箭一样"射"向曹军。曹营顿时火光冲天,烧死、溺死的曹军无数。

在对岸静候佳音的孙刘联军此时借机横渡长江,大败曹军。曹操见败局已定,便烧掉剩下的船只,沿华容小道向江陵方向撤退。至此,孙、刘联军取得了赤壁之战的胜利。

赤壁之战后,曹操带兵退回北方,再没有机会率军大规模南下,曹操与一统天下的梦想失之交臂。而孙刘联军的辉煌战绩令他们逐渐充实了自己的实力,并划定了自己的势力范围,确定了"三分天下"的局面。

不是水战的淝水之战

淝水之战发生在东晋和前秦之间,东晋就是西晋皇裔司马睿在南方建立的国家,但是前秦呢? 往下看你就知道了。

疯狂的历史学家说

前秦(公元 350–394 年)是十六国时期的政权之一。公元 350 年,氐族人苻洪占据关中,自称"三秦王"。公元 352 年,苻洪之子苻健称帝,定都长安,但是他没什么创意,因为占的是原来秦国的故地,又觉得"秦"这个国号不错,就直接拿来用了。5 年之后,苻健灭前燕、前凉及代国,统一了北方。"前秦"之称是后人为了与"秦"区别而如此称呼的。

贼心不死

公元 355 年,苻健的儿子苻生继位,但继位后的苻生却荒淫无道。苻健的侄子苻坚实在看不下去就把他杀了自己做皇帝。

苻坚继位后,一心想灭掉东晋,此时的东晋拥长江天险,长江上游由桓氏掌握,下游则属谢氏当政,所有人都知道苻坚安分不了多长时间,所

以谢氏的大政治家谢安一直都在尽力调和桓、谢两大家族关系,为即将爆发的战争做准备。谢安的未雨绸缪果然是有道理的,苻坚进攻襄阳之后,又引发淮南之战,但均以失败告终。接下来,他又对淝水流域虎视眈眈。

"区区长江天险算什么?我拥有百万大军,只要我一声令下,叫士兵们把皮鞭投入长江,是可断掉流水了!"

苻坚

决战淝水

淝水指的是东淝河,它是淮河的一条支流。古时人们常常把江河流域按其江河的名称来称呼,因此淝水之战并不是水上作战,而是发生在陆地上的战争。

公元 383 年,经历了襄阳、淮南两次大败的苻坚实在不甘心,决定倾全国之力征服东晋。

八月初八苻坚亲率百万大军大举南侵。面对大军压境,谢安,任命弟弟谢石、侄子谢玄、大将胡彬等人兵分三路北上迎击。

谢石起初认为前秦军兵力强大,打算坚守不战,待敌疲惫再伺机反攻。后来谢石听人劝告改变了想法,认为前秦军虽有百万之众,但大部分还在进军途中,如趁他们没有全部抵达之机,迅速发动进攻,即可击败其前锋部队,挫其锐气。于是他决定转守为攻,主动出击。

谢石

"只要能击败他们的前锋部队,挫其锐气,击破百万大军就不是难事儿了。"

11月,谢玄派 5 000 精兵开赴洛涧,揭开了淝水之战的序幕。在这场战役中,晋军大胜,前秦军折损 10 名大将及 5 万主力。

晋军继续西行,与前秦军对峙淝水。12月,谢玄派使者去找阳平公符融,建议前秦军后退,使晋军渡过淝水,进行决战。符融赶紧去找符坚商量,但符坚认为半渡而击才是好办法。

"我众敌寡,不如遏制他们,使他们不能上岸,这样可以万无一失。"

符融

"只需带领士兵稍微后撤一点儿,让他们渡河渡到一半,我们再出动铁甲骑兵奋起攻杀,没有不胜的道理!"

符坚

于是符融挥舞战旗,指挥士兵后退。没想到,就是这一退,让前秦真的无路可退了。当前秦军后移时,晋军渡水突击。晋军在前秦军阵后大叫:"你们前线的军队败了",前秦军阵脚大乱,随后晋军全力追击。苻融驰马巡视军阵，结果一不小心战马倒地，苻融被东晋的士兵杀死，前秦的军队立刻崩溃。谢玄率兵乘胜追击，一直追到青冈。前秦军队大败，有很大一部分不是战死的，而是在逃命的过程中发生了严重的踩踏事故。

逃跑的前秦兵昼夜不敢停歇，慌不择路，风餐露宿，冻饿交加，这样死去的人就有百分之七八十。淝水之战以晋军的全面胜利告终。

淝水之战使苻坚统一全国的梦想彻底破灭，前秦从此一蹶不振，于公元 394 年灭亡。东晋乘胜北伐，收回黄河以南故土，但在谢安去世和前线主帅谢玄退隐后，东晋转为守势。尽管东晋没能统一全国，但却有效地遏制了北方政权的南下侵扰，为江南地区社会经济的恢复和发展创造了条件。

没有赢家的宋辽战争

"哥们儿,咱别跟那六个人较劲儿了啊,二比六,打不过啊!"

强势大宋

公元960年,后周大将赵匡胤建立宋朝,定都汴京,历史上称为"北宋"。赵匡胤就是宋太祖,北宋陆续消灭各地的割据势力,统一了中原和南方的广大地区。宋朝对中国文化、科技、社会生产力、政治进步等许多方面有着非常重要贡献。大名鼎鼎的"唐宋八大家"中,有六个是宋朝人。另外,影响世界历史发展进程的四大发明中的印刷术也是在宋朝发明的。

宋朝还是中国封建历史上唯一一个没有爆发全国性农民起义的朝代。而且,政府机构设置中关于中央皇权的分散、枢密院的强化、政事堂的高效、将相权一分为三等措施,也都成为了后来其他朝代仿效的对象。所以说,老赵家的皇帝们还多是明理通事的。

"终于给我们老赵家平反了!"

宋朝的海上贸易非常发达，南宋时海上贸易收入曾达到政府财政收入的一半。在政治发展上，宋朝的皇帝更加开明，在宋朝的朝廷上经常会出现谏官当面斥责皇帝的情况。

但在对外打仗方面，有一个事实不得不承认，那就是宋军是一支"小打小闹挺靠谱、关键时候靠不住"的军队。历时25年的宋辽战争，但凡宋军主动进攻，就一定会打败仗。

宋辽战争

宋太祖赵匡胤曾实施"先南后北"战略，欲寻机攻取北汉，试图铲除辽及其附庸，以便收复燕云，但每次进攻均遭辽援军阻挠而未果。北汉未灭，反使宋辽间冲突迭起，矛盾日深。

公元979年，继位不久的宋太宗赵光义决定挥师北伐，北汉向辽求助，没想到辽兵失利，宋军一举攻破太原，灭掉北汉。经过这次战役，赵光义觉得辽军也并没有传说中那么厉害，于是决定趁机兴师伐辽。6月，宋太宗亲率10万大军杀进河北，意图收复在后晋时期失去的燕云十六州。

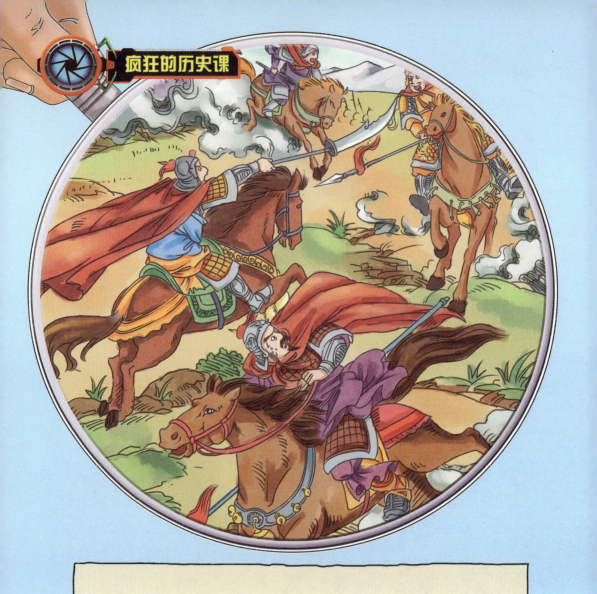

　　宋军很快就突破了辽军设在沙河的防线,兵围幽州,但幽州守将韩延徽顽强抵抗,宋军久攻不下。辽军将领耶律休哥和耶律斜轸率兵赶来增援,引诱宋军北进,在高梁河大败宋军,赵光义差点就被活捉,幸亏大将杨业赶来,才得以脱身。9月,辽景宗耶律贤派兵攻击北宋,大败于满城之战,第二年又在雁门之战中输给杨业,杨业也因此成为辽军将士敬畏的"杨无敌"。

节外生枝

　　只说杨业恐怕大家不是很熟悉，但是"杨家将"却应该是家喻户晓的了，这杨业就是杨家将中的"老令公"。杨业的妻子佘氏，就是小说《杨家将》中的佘太君，他们的七个儿子：杨延玉、杨延昭、杨延浦、杨延训、杨延瑰、杨延贵、杨延彬，都为抗击辽军做出了卓越的贡献。

　　虽然战争接连胜利，但关键时候大宋军队还是出了纰漏，在冬天的瓦桥关之战中，宋军败给了辽景宗率领的军队。

　　公元986年，赵光义趁12岁的娃娃皇帝——辽圣宗继位之初，政权不稳之机，兵分四路，大举伐辽，史称"雍熙北伐"。然而，这次战役北宋却失败了。在陈家谷之战中，辽军还俘虏了宿敌杨业，大获全胜。几年后，宋太宗赵光义因为在高梁河之战中受的箭伤发作而病逝，宋真宗赵恒继位，北宋对辽由此转为守势。

澶渊之盟

1004 年,辽圣宗再次南征。辽圣宗自己其实并没有这么大的胆子,只是因为他背后有个厉害的女人——承天太后萧绰。

疯狂的历史学家说

萧绰(953–1009 年),小字燕燕,原姓拔里,后拔里氏被耶律阿保机赐姓萧。982 年,辽圣宗继位,萧绰为皇太后,开始摄政。萧绰治国有方,好听建议,赏罚分明。笼络群臣为其尽忠效力。改变责重汉人的刑罚,调整两族关系。

宋真宗见辽军气势汹汹,吓得想迁都,但是在宰相寇准的建议和激励下,宋真宗鼓起勇气,亲自前往黄河边上的澶州与辽军对峙。

这一战,辽军大败,辽军名将萧挞凛被宋军的床子弩射杀。于是,萧绰决定与宋议和。

1105 年 1 月,宋、辽双方达成停战协议,以宋向辽纳币帛为条件,缔结和约,史称"澶渊之盟"。宋辽战争遂告结束。辽圣宗称宋真宗为兄,宋真宗称辽圣宗为弟,称萧太后为叔母,互约为兄弟之国。

"澶渊之盟"后,宋辽两国 120 多年间没有发生大规模战争,尽管相对于宋朝而言,"澶渊之盟"是一份看起来"丧权辱

考点 聚焦

● 北宋的建立:公元960年,后周大将赵匡胤建立宋朝,定都汴京,历史上称为"北宋"。赵匡胤就是宋太祖。北宋陆续消灭各地的割据势力,统一了中原和南方的广大地区。

● 辽进攻北宋,坚决要求皇帝宋真宗亲征的宰相是寇准。公元1005年,辽宋之间订立和议,史称"澶渊之盟"。

"今后你我二人就以兄弟相称吧!"

国"的条约,但它终结了"战争模式",避免了战争带来的灾难。同时,双方礼尚往来,客观上促进了两国之间的经济交流,双方的经济和文化日渐繁荣。

郾城之战:岳飞完胜金兀术

　　宋钦宗靖康元年(公元 1127 年),女真攻陷当时的北宋都城汴梁,也就是现在的开封,掳走徽、钦二帝,及几乎全部的皇族、后妃、官吏及十余万平民。宋徽宗第九子赵构逃到了杭州,登基为帝,成了南宋开国皇帝宋高宗。

　　岳飞在他的《满江红·怒发冲冠》中所说的"靖康耻",指的就是徽、钦二帝被掳、北宋政权灭亡这件事。但是这首词中展现更多的则是岳飞报效朝廷的赤诚之心,肝胆沥沥,感人至深。

郾城之战

　　公元 1140 年,完颜宗弼(金太祖完颜阿骨打第四子,也称金兀术)率军夺取了河南、陕西,又率大军向淮南大举进攻。偏安一隅的宋高宗赵构慌了手脚,急忙下诏让已经自请退职在家守母丧的岳飞从襄阳出击,牵制向淮南及陕西进攻的金军。

　　不过岳飞还没赶到,金军就在顺昌被刘祐所率的原"八字军"来了个迎头痛击。金兀术不得不撤回开封,解除了对淮南的威胁。

满江红·怒发冲冠

怒发冲冠,凭栏处、潇潇雨歇。
抬望眼,仰天长啸,壮怀激烈。
三十功名尘与土,八千里路云和月。
莫等闲、白了少年头,空悲切!
靖康耻,犹未雪。臣子恨,何时灭!
驾长车,踏破贺兰山缺。
壮志饥餐胡虏肉,笑谈渴饮匈奴血。
待从头、收拾旧山河,朝天阙。

背嵬军是岳家军的精华所在。岳家军鼎盛时期约有十万人，其中背嵬军骑兵八千。在与金军进行的颍昌、郾城的一系列战斗中，背嵬军起到了中流砥柱的作用。

赵构一看，警报解除了，立即改变主意，让岳飞班师回朝。

但是对金军有着刻骨仇恨的岳飞却认为机不可失，于是率军大举北上，向中原进军，攻占郑州、西京河南府等地区，并派遣梁兴等大将深入黄河以北，袭扰金军后方。金兀术也不是好惹的，乘岳家军兵力分散之机，亲率一万五千人的精锐骑兵及十万步兵向岳家军的指挥中心——郾城发动进攻。

1140 年 7 月 8 日，金军倾巢而出，直扑郾城。当时岳飞麾下只有背嵬军和一部分游奕军，大约不过一万多人的兵力。然而金军仅先头部队的精锐骑兵就有一万五千多骑，并且还有十多万后续部队陆续赶来。岳飞深知接下来将面对一场前所未遇的恶战。

岳飞首先命令儿子岳云率领背嵬军和游奕军骑兵精锐出城迎击。当天下午，岳云舞动两杆铁锥枪，率精骑直贯敌阵，双方的骑兵展开了激烈的鏖战。金兀术出动了重甲骑兵"铁浮屠"作正面进攻，由能骑善射的女真人、号称"拐子马"的骑兵配合作战。

岳飞凭借多年战争经验，针对女真人善于骑术作战的特点，派步兵持麻扎刀、大斧等，上砍敌兵，下砍马足，砍杀了大量金兵。在战斗最激烈的时刻，岳飞手持弓箭亲率四十骑突进到阵前，左右开弓，箭无虚发。岳家军将士看到统帅亲自出马，顿时士气倍增。

天色渐渐昏暗,金军一败涂地、狼狈溃逃,重装骑兵损失惨重。岳家军在此战中"戕其酋领",还夺得二百多匹战马。至此,岳飞指挥岳家军将士以少胜多,在平原旷野地区完胜完颜宗弼(金兀术)所统率的金国女真军队主力,取得郾城大捷。

十年功,英雄泪

尽管金兀术落荒而逃,宋军将士热血沸腾,但是赵构却不愿让岳飞继续进军,连发十二道金牌召回岳飞。就在赵构下令召回岳家军的时候,淮南东路的张俊军已经撤退,孤立无援的岳飞只好忍痛退军。

退兵前,岳飞长叹:

"十年之功，废于一旦！所得诸郡，一朝全休。社稷江山，难以中兴！乾坤世界，无由再复！"

考点 聚焦

- 岳飞是南宋著名的抗金将领，他领导的军队作战勇敢，纪律严明，深受人民的爱戴，被称为"岳家军"。
- 岳飞等人领导的抗金斗争，有效地遏制了金统治者发动的掠夺性战争，使南方地区相对稳定，维护了当时广大人民的利益。

郾城之战实质上是宋金双方精锐部队之间的一次决战，宋军以少胜多，给金军以沉重的打击。倘若宋军乘胜追击，不是没有收复故土的可能。但是南宋统治者却将这次胜利作为对金乞和的资本，最后断送了这次战争的胜利成果。**不过，岳飞等人领导的抗金斗争，有效地遏制了金统治者发动的掠夺性战争，使南方地区相对稳定，维护了当时广大人民的利益。**

小笨熊

铁蹄驰骋:铁木真纵横草原

　　成吉思汗统一蒙古是中国历史上具有重要意义的一页。蒙古族是一个游牧民族。12世纪时,在蒙古高原上散居着上百个大大小小的蒙古族部落,为了抢夺草原、财产和奴隶,这些部落相互展开了长期的部落战争。

　　约1170年,铁木真的父亲也速该被塔塔儿人毒死,母亲带着铁木真和他的几个弟弟度过了数年艰难的生活,这样的经历,培养了铁木真坚毅勇敢的性格。成年后,铁木真在克烈部首领王汗和札只剌惕部首领札木合的帮助下,打败了前来袭击的篾儿乞人,夺回了曾经属于父亲的众多部落,势力逐渐壮大。他还挑选出一些亲信组成了护卫军,蒙语叫"那可儿",这支队伍也成为铁木真后来统一蒙古高原的军事力量基础。

　　公元1189年,28岁的铁木真被乞颜氏贵族推举为可汗。

"取这么多谥号有什么用！还是'成吉思汗'这个名字最响亮！"

疯狂的历史学家说

孛儿只斤·铁木真(公元 1162–1227 年)，蒙古帝国可汗，尊号"成吉思汗"。1206 年春天建国称帝，定都和林。此后多次发动对外征服战争，征服地域西达中亚、东欧的黑海海滨。1265 年，元世祖忽必烈追尊成吉思汗庙号"太祖"。元世祖追尊成吉思汗谥号为"圣武皇帝"。1309 年，元武宗尊成吉思汗为"法天启运圣武皇帝"。

　　铁木真的强大，危及到了札木合的霸主地位，于是他联合其他部落，合兵 3 万向铁木真发起进攻。铁木真将自己的 3 万兵力分成十三翼(营)迎战，但是失败了。为了保存实力，铁木真退至斡难河的哲列捏山峡，扼险而守。这就是历史上著名的"十三翼之战"。

　　札木合只是取得了形式上的胜利,因为他的手下见他残暴专横,虐杀俘虏,而铁木真却仁义有加,竟然纷纷投奔铁木真去了! 此后,铁木真的势力进一步壮大。

　　公元1196年,塔塔儿部叛金,金王朝出兵征讨。铁木真借此机会,以"为父亲报仇"的名义,率军击溃了塔塔儿部。

　　五年之后, 铁木真又在呼伦贝尔海剌尔河支流帖尼河畔,击败了以札木合为首的十一部落联军,这就是历史上记载的"帖尼河之战"。

"我才是赢家! 你们都投奔他去干什么？"

考点聚焦

公元 1202 年,铁木真又在阔亦田击败了札木合同乃蛮、泰赤乌、塔塔儿、蔑儿乞等部联军,再次取得胜利。至此,西起斡难河上游,东至大兴安岭以西的蒙古高原,都已经被铁木真收入囊中。

● 铁木真是蒙古族杰出的首领,完成蒙古统一大业。1206 年,被推举为蒙古族的最高首领,尊称为"成吉思汗",定都和林。
● 蒙古政权实行军政合一的国家体制。

从此,铁木真确立了自己的领袖地位,统一蒙古的战争也开始进入第二阶段。1206 年,铁木真建立了蒙古汗国,被尊称为"成吉思汗"。

"成吉思汗"这一个称呼,同时体现了皇帝和大汗两种身份。"成吉思"和"汗"均为蒙古语的汉语音译,前者有多种解释,一般被译为"广阔的海洋""天赐"或"坚强"的意思。"汗"原义为"父主",意译为"酋长"或"头目"。 皇帝和大汗这两种称号,意思并不一样:前者指集权国家的最高统治者,后者则是盟主或霸主的意思。

节外生枝

"太子党"操戈"靖难之役"

靖难之役是明朝规模最大的一次内战，也是朱氏王朝建立之初发生的一场人伦惨剧，历史上把这场朱家皇子党与侄子的皇位争夺战争称为"靖难之役"。

削藩出乱

叔侄之间为何会无情地大动干戈？原来，按照朱元璋当初的想法，把儿孙分封到各地去做藩王，亲情作用下政权必然稳固。然而多年之后，藩王势力日益膨胀，25 位藩王都想当"老大"。本来应该在朱元璋死

『叔叔们肯定早就对我虎视眈眈了，他们还都兵权在握，说不定什么时候就把我的皇位抢走了。不如先发制人，我先来个削藩！』

后继位的太子朱标不幸早亡，太孙朱允炆便在朱元璋死后登基，是为建文帝。这样一来，朱允炆的叔叔们实在难以服气。因此，皇帝宝座还没坐稳的建文帝打算削藩，以此巩固自己的地位。

削藩带来的矛盾不断激化，迫使藩王们与朝廷开始决裂，此时实力最强的燕王成了真正的诸王之首。皇帝与燕王之间的博弈亦逐渐明朗。朱棣见到几位亲王先后被削权，明白自己也难逃此劫，于是决定起兵造反。

叔侄动干戈

1399年7月，坐镇北平的燕王朱棣，以诛讨奸臣齐泰、黄子澄为由起兵，与朝廷对抗，随后挥师南下。叔侄博弈让这场战争变得更加绝情惨烈。

"哈哈哈，天助我也！"

"燕王此话怎讲？"

"小子，还削藩，我先削你！"

起兵后不到一个月，燕军就攻占了北平北部的军事重镇和沿边州县。面对朱棣的强势，建文帝特别嘱咐打仗的将士，同燕王军队作战时，不得伤害朱棣，"勿使朕有杀叔之名"。于是，朱棣就更加有恃无恐、肆无忌惮了。

建文帝听从大臣黄子澄的推荐，任李景隆为大将军，代替老将耿炳文对燕军作战。听说李景隆带兵前来，朱棣很是高兴，他太了解李景隆的部队了，政令不致，上下异心，李景隆本人金鼓无节，专任小人。果然，开战以后，李景隆贪功冒进，屡失良机，大败于燕军，燕军则紧追其至济南后才撤兵。

1400 年 9 月，建文帝任用盛庸为指挥官率兵北伐。12 月，燕军进至山东，盛庸为指挥官率朝廷南军在东昌大败燕军，朱棣自己也被包围，幸

"又不是在玩儿游戏,打一个丢一个,那还打什么啊!"

亏援军接应才得以突围。东昌战役是燕军吃到的第一个败仗。朱棣也面临一个头疼的问题，那就是燕军夺得的城池很多，但往往得而复失。

1402 年正月，建文帝又作出了一个将自己推向灭亡的决定——召回徐辉祖所率领的军队，朝廷南军运送补给的粮队又被燕军所阻截。朱棣抓住时机,大败南军。自此,燕军士气大振,渡过淮水,准备强渡长江。走投无路的建文帝派出使者与朱棣谈判,提出以割地分南北朝的构想,但是朱棣此时想要的却早已不是一个北朝皇帝的虚名。

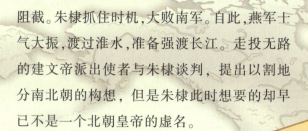

考点聚焦

- 朱元璋死后,皇长孙朱允炆继位,开始实施一系列的削藩措施,严重威胁藩王的利益,坐镇北平的燕王朱棣起兵反抗,随后挥师南下,史称"靖难之役"。
- 1402年,朱棣攻破南京,战乱中建文帝朱允炆下落不明。同年,朱棣即位,是为明成祖。

"我就是要当皇帝!"

6月3日,燕军自瓜洲渡江,13日进抵金川门。朱棣进京后,宫中起火,建文帝下落不明。燕王在群臣的拥戴下即皇帝位,是为明成祖,年号永乐。

啰嗦的历史老师说

明成祖朱棣(1360-1424年),是明朝第三位皇帝,1402-1424年在位,年号永乐,故后人称其为永乐帝、永乐大帝、永乐皇帝等。朱棣驾崩后,庙号太宗,葬于长陵。1538年9月,改庙号为成祖。

抗倭战争:明朝的那些事儿

倭寇之乱

公元 1336 年,日本分裂为南北朝,两方相互征战,吃了败仗的兵将流亡海岛。为了生存,他们和一些商人勾结,渡海来到中国沿海地区烧杀掠夺,奴役百姓。明朝中期,海防松弛,倭寇严重,沿海数千千米同时告警,于是,洪武、永乐年间,明朝政府不断加强海防。

疯狂的历史学家说

倭寇指 13-16 世纪,活跃于朝鲜半岛及中国大陆沿岸的海上入侵者。由于他们最初都来自当时被称为"倭国"的日本,所以被统称为"倭寇"。到了后期,由于日本国内政治形势转变,加上官府的管制,日本人出海抢掠船只的事件已经减少。取而代之的是来自中国和朝鲜的海商与海盗,他们依从过去倭寇抢掠的方式继续为祸于东海,因此也被归于倭寇之列。

凭借强大的舰队，明朝政府一方面采取了近海歼敌的海防战略方针，另一方面，中国册封了统一日本南北朝的足利义满为"日本国王"，并令其剿灭倭寇。足利义满着眼于中日贸易，于是成功清剿倭寇，并在1404年正式建立起了中日官方贸易。前期倭寇到这一时期就退出了历史舞台。

足利义满

倭患再起

1523年，两支日本贸易船队前往宁波，到达后，两方的贸易代表为了争夺交易权，互相砍杀，还烧了对方的船。明朝政府觉得这是扰乱了本国秩序，就在1529年宣布停止中日贸易。浙江、福建一带的商人生计被掐断，只好开始偷偷走私，并慢慢发展成为武装押运。

此时的倭寇主力不再只是日本人，甚至有一部分是穿着和服的中国人。

1547年，朱纨出任提督浙闽海防军务，他带兵攻打倭寇，收复双屿，这一举动遏制了大量与倭寇勾结的豪绅的利益，最后朱纨被逼以"擅杀"的罪名自杀了。从此，倭寇更加猖狂，不单纯为了走私货物，还开始向明军打击报复。

抗倭战争

正是在这一时期，涌现出了许多抗击倭寇的民族英雄，戚继光就是当时著名的抗倭将领。

戚继光创造了"鸳鸯阵"和"三才阵"等战斗队形，并以打"算定战"及"大创尽歼"的指导思想指挥作战，戚家军由此成为抗击倭寇的主力。

考点 聚焦

● 元末明初，日本的武士、商人和海盗经常骚扰我国沿海地区，沿海居民称他们为"倭寇"。

● 戚继光在台州九战九捷，荡平浙江的倭寇，后又与俞大猷等人一起荡平福建、广东的倭寇。

1561 年，几千名倭寇袭击浙江台州、桃渚和圻头等地，戚继光率部队在人民群众的配合支持下，九战九捷，歼灭大量倭寇，取得了决定性的胜利。与此同时，侵扰温州、宁波的倭寇也被剿灭，至此，浙江倭患基本平定。

第二年，倭寇大举进犯福建。占据宁德横屿，与明军相持一年多。戚继光凭借顽强的精神和精锐的部队攻下横屿，斩首倭寇 2 600 人。又乘胜追击至倭寇大营，连夜作战，连攻 60 营，斩首无数。

1563 年 4 月，戚家军再次进入福建，在福宁大败倭寇，并与新任福建总兵俞大猷一起扫清了福建境内的倭寇，**福建倭患基本平定。此后不久，侵扰广东的倭寇也被俞大猷剿灭**。至此，延续多年的抗倭战争，终于以明军胜利而结束。

倭寇的侵掠骚扰，给东南沿海地区的人民生活和社会经济造成了极大的破坏。戚继光等人平定倭患，使人们能安居乐业，发展生产，促进了正常的海上贸易和东南沿海商品经济的发展。

巧妙布海战:郑成功收复台湾

"这儿都是咱们的啦!"

台湾是中国最大的岛屿,那里物产丰富,土地肥沃。1624年,荷兰殖民者趁南明王朝腐败无能,入侵台湾,开始了野蛮的殖民统治,台湾人民不断反抗,但都被荷兰人严酷地镇压了下去。

无人不知郑成功

就在荷兰人入侵台湾的这一年,一个与宝岛台湾命运息息相关的人出生了,他就是光复台湾的民族英雄——郑成功。

疯狂的历史学家说

郑成功(1624-1662年),17世纪末抗清名将、收复台湾的民族英雄,名森,字明俨、大木,幼名福松,因隆武帝赐明朝国姓朱,赐名成功,世称"郑赐姓""郑国姓""国姓爷",又因永历帝封延平王,称"郑延平"。

1646年,清军占领福建。22岁的郑成功举起反清大旗,与清朝展开了长期的斗争。与此同时,他决定赶走荷兰殖民者,光复台湾。1661年,恰好有一个名叫何斌的爱国人士,从台湾来到厦门,给郑成功献上了台湾地图,更加坚定了他收复台湾的决心。

巧渡鹿耳门　登陆赤嵌城

　　1661 年二月，郑成功传令大修船只，听令出征。一切准备就绪，他亲自率领将士 25 000 人，分乘战船 350 多艘，由金门出发，迎着滔天巨浪，直取台湾岛并决定在鹿耳门港登录。

　　四月初一中午，鹿耳门海潮大涨，水位比平时高出五六尺，这样的海况，大小船只均可驶入海港。郑军大小战舰顺利通过鹿耳门后，兵分两路：一路登上北线尾，驶入台江，准备在禾寮港登陆。

　　荷兰海军以为郑军船队必从南航道驶入，忙用大炮拦截，未料郑成功却躲开了火力，从鹿耳门驶入台江，远在大炮射程之外。荷兰侵略者面对浩浩荡荡的郑军船队，顿时乱了阵脚。郑军船队沿着预先测度好的航道鱼贯而入，切断了台湾城与赤嵌城荷军的联系，迅速于禾寮港登陆，并立即在台江沿岸建立起滩头阵地，从侧背进攻直取赤嵌城。台湾人民也早就得到了郑成功要来的消息，争先恐后地出来迎接，提水担饭，协助运输。

"你们以为我和你们一样吗？我打到台湾来就是为了你那点儿银子？"

"天时、地利、人和"皆备，郑成功军队将士士气高涨，打得荷兰殖民者弃械而逃。

郑成功登陆后，立即要求荷兰殖民者投降。但是荷兰殖民者却厚颜无耻地打算以10万两银子贿赂郑成功，希望他们退兵。

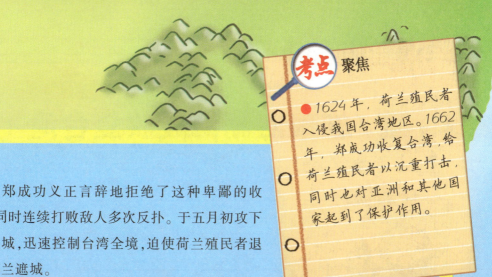

考点 聚焦

● 1624年，荷兰殖民者入侵我国台湾地区。1662年，郑成功收复台湾，给荷兰殖民者以沉重打击，同时也对亚洲和其他国家起到了保护作用。

郑成功义正言辞地拒绝了这种卑鄙的收买，同时连续打败敌人多次反扑。于五月初攻下赤嵌城，迅速控制台湾全境，迫使荷兰殖民者退守热兰遮城。

龟缩在热兰遮城的荷兰侵台总督科业特认为城中粮草充足，海外援助也马上就到，根本没把郑成功的军队放在眼里。不过，他所倚仗的荷兰舰队却一点儿都不争气，屡战屡败。因为荷兰舰队的大船根本不适合在浅水湾作战，而郑成功的小船却机动灵活，凭借高明的战术以及军民的配合，郑成功给了荷兰殖民者以毁灭性的打击。

1662年2月，荷兰殖民者终于在投降书上签了字，狼狈地逃回了荷兰。被荷兰殖民者侵占了38年的台湾，终于回到了祖国的怀抱。

小笨熊

施琅澎湖海战收复台湾

"软的不行,只能来硬的了!"

郑成功光复台湾,是明朝对抗外国侵略者的战争。但是郑成功光复台湾之后,建立起了自己的政权,与后来的清政府形成对抗之势,而且郑成功之子郑经还参与了三藩之乱,这一切都令清政府下定决心:收复台湾,实现统一。

这个时候,正巧有个特别关键的人投降了大清。他就是原来郑成功手下的猛将——施琅。施琅自幼生长在海边,少年习剑,武艺超群。1646年,施琅与弟弟施显投奔郑成功,由于才干超群,没过多久施琅就成为郑成功手下最为得力的将领。

清政府随即授与施琅同安副将的职衔。1662 年，又任命他为福建水师提督，1665 年，封靖海将军。

武力统一

康熙当政时，施琅上书建议率兵"进攻澎湖，直捣台湾"，使"四海归一，边民无患"。不过这一主张却没有得到朝廷的支持，因为当时的"三藩之乱"令政府无法分心，

另外，八旗部队不善海战。不过施琅没有意志消沉，反而利用这段时间，一面继续上书征台，争取康熙帝的支持；一面广交朝中大臣，以获得他们对统一台湾事业的理解。施琅这一等便是 13 年。

1681 年，郑经去世，诸子争位，郑氏家族内部矛盾激化。清政府也在这一年平定了"三藩之乱"。施琅复出的时机终于到了。

此时，福建总督姚启圣上疏康熙力挺施琅。康熙则采纳了大学士明珠的意见，决定再给台湾一次机会，如果招抚有用，那么就可以不动用武力。不过当时的郑氏政权还想保住台湾的割据局面，表示"世守台湾"。在多年的和谈招抚与和平努力无效后，康熙帝决定以武力收复台湾。

一战定澎湖

1683年7月8日，施琅率军从铜山岛出发，姚启圣也拨3 000人跟随施琅出征，直指台湾的战略前哨澎湖列岛。而此时的台湾郑氏毫无准备，一方面他们忙于内部争斗，另一方面此时正值农历六月，是台风肆虐的时期，他们根本没有想到清政府会在此时出兵渡海。

澎湖列岛是台湾外围唯一的防御屏障，台军主力驻扎于此，并建立了坚固的防御工事，构筑炮城14座，沿海筑造高墙深沟10余千米，并安设了铳炮，想要突破这道防线并不容易。

10日，施琅进攻娘妈宫（现天妃宫俗称妈祖庙），不过当时受风势阻扰，清军不敢冒然前进。海水涨潮后，一些清军船只被海水冲向岸边，守城的郑军趁势将舰队分成两翼包围了清军。施琅见状赶紧突围，却被火铳射伤右眼。12日，施琅派战船攻取澎湖港外虎井屿、桶盘屿。

　　16日，施琅决定发动总攻。天亮前，海面开始刮起台风。郑军顺着风势进攻，处于优势，中午，台风改变风向开始吹向西南，这对清军极其有利。施琅命令全军反攻，顺着风势发射各种火器，并且以数船围攻郑军一船的战术将郑军舰船各个击破，郑军全面溃败。此战共毙伤郑军 12 000 人，俘 5 000 余人。击毁、缴获战船 190 余艘。清军阵亡 329 人，伤 1 800 余人，船只无一损失。

　　施琅取胜后,决定暂缓进攻,采取攻心战术。他在澎湖"抚绥地方,人民乐业,鸡犬不惊",甚至派人捞救跳水未死的台军官兵,使得台湾、澎湖军民"莫不感泣,愿内向"。与此同时,施琅上书清廷建议"颁赦招抚"郑氏,以争取和平统一台湾,这也正暗合康熙帝之意。9月3日,施琅率军在台湾登陆。岛上文武官员军前迎接,百姓也都沿途欢迎。延平郡王郑克塽(郑经次子、郑成功之孙)于9月5日向施琅投降,并于10月8日剃发易服,郑氏集权正式灭亡。

● 1683年，康熙帝命福建水师提督施琅进军台湾。澎湖一战，施琅大胜，郑克塽投降，台湾被纳入清朝版图。

● 1684年，清设台湾府，隶属福建省。台湾府的设置，加强了台湾同祖国大陆的联系，促进了台湾的开发，巩固了祖国的海防。

"台湾土地肥沃，物产丰富，交通发达，弃之未免可惜；耕桑并耦，鱼盐滋生，一切日用之需，无所不有；盛产木棉，经织不乏，舟帆四达，丝缕踵至，岂能拱手送人？"

终于，在施琅的坚持下，清政府在1684年设台湾府，隶属福建省，驻兵一万戍守，台湾从此并入大清版图。

反击沙俄侵略的雅克萨之战

黑龙江流域自古以来是中国的领土,满族的祖先肃慎族就生活在那里。从唐到明的历代朝廷,都在这里设置了行政机构。

17 世纪 40 年代,沙皇俄国乘清军入关之际,大举入侵我国东北地区。强占了雅克萨和尼布楚。

侵略军在所占地区大肆烧杀抢掠,并且构筑寨堡,设置工事,又以此为据点,不断对黑龙江中下游地区进行骚扰和掠夺,严重威胁了清朝的统治和当地人民的生命财产安全。

疯狂的历史学家说

雅克萨也称雅克塞(满语:穆麟德),俄文名阿尔巴津或阿尔巴津诺,是俄罗斯帝国在向东扩张中在外东北地区建立的最初的据点,位于黑龙江与额木尔河交界口东岸,西岸为今中国黑龙江省呼玛县。现该地为俄罗斯阿穆尔州阿尔巴津诺。

黑龙江　　　　中下游地区

雅克萨之争

康熙帝本来也想友善地对待邻邦，多次遣使进行交涉、警告，不过俄国人根本就不在乎。康熙帝思前想后，终于决定以武力捍卫自己的领土。平定"三藩之乱"的第二年，康熙帝亲赴关东巡视并制定驱逐俄国人的计划。

"你们这些俄国人，必须离开大清的领土！"

1683年9月，清政府要求驻扎在雅克萨等地的沙俄侵略军迅速撤离。俄军头目不但不理睬，反而派人到瑷珲抢掠。

雅克萨之战

1685年，为了彻底消除沙俄侵略，康熙帝命都统彭春率军奔赴瑷珲，收复雅克萨。4月，彭春统率3 000清军从瑷珲出发，分水陆两路向雅克萨开进。5月22日抵达雅克萨城下，向俄军头目托尔布津发出最后通牒。

但是,托尔布津倚仗自己防御坚固,还有三门大炮,300支鸟枪,因此拒不从命。于是,第二天一大早,彭春下令水陆两路军队对雅克萨展开攻击。25日黎明,清军使用大炮轰击雅克萨,俄军伤亡惨重,托尔布津乞降,表示希望在保留武装的条件下撤离雅克萨。经彭春同意后,俄军撤至尼布楚。

不过,沙俄怎么会轻易放弃这块肥肉呢?他们贼心不死,很快又卷土重来。

1685年秋,莫斯科派兵600人增援尼布楚,托尔布津再次率大批沙俄侵略军进驻雅克萨。俄军这一背信弃义的行为引起清政府的极大愤慨。第二年初,清廷再次出兵雅克萨。

第二次雅克萨之战中，俄军凭借火器负隅顽抗。而清军除了一些大炮之外，只有火枪50支，士兵们用刀剑同敌人奋战，击毙出城挑战的侵略军100多人，托尔布津中弹身亡，但是又出来一个叫杯敦的俄国人，继续指挥俄军顽抗。清军采取的围困战术持续了半年之久，826名俄军最后只剩下66人。

俄国终于慌了手脚，急忙向清政府请求撤围，并派出使者议定边界，表示再不进犯。清政府答应了和解条件，准许驻守雅克萨的沙俄残部撤往尼布楚。

节外生枝

《中俄尼布楚条约》是中国签定的第一个平等条约。但是清政府也做出了让步，就是没有把尼布楚收回来。条约签订后，中俄在东北地区维持了170年左右的相对稳定，一直维持到第二次鸦片战争俄国侵略中国之前。条约签订之后，双方在边界定了界桩。

考点 聚焦

● 1689年7月24日，清政府与沙俄缔结了《中俄尼布楚条约》，规定以外兴安岭至格尔必齐河和额尔古纳河为中俄两国东段边界，黑龙江以北，外兴安岭以南和乌苏里江以东地区均为清朝领土。

● 1689年7月24日中俄签订《中俄尼布楚条约》。

● 《中俄尼布楚条约》是中国签定的第一个平等条约。

1689年7月24日，清政府与沙俄缔结了《中俄尼布楚条约》，规定以外兴安岭至格尔必齐河和额尔古纳河为中俄两国东段边界，黑龙江以北，外兴安岭以南和乌苏里江以东地区均为清朝领土。

鸦片战争：大清帝国门户洞开

闭关锁国的清政府

闭关锁国是鸦片战争前，清政府限制和禁止对外交通、贸易的政策。限定广州为唯一通商口岸，外商来华贸易须通过清政府特许，贸易活动限于指定范围，进口货征收高税额，出口货限制品种和数量。闭关锁国是落后的封建自然经济的产物，对近代中国社会的发展起了严重的阻碍作用。

康熙帝后期，沿海地区贸易十分发达，仅苏州一地就可千帆出港。但是前来贸易的外国商船全都携带武器，这不得不令清政府担心。于是，乾隆下令关闭三处海关，只留下广州一处海关作为通商口岸。

广州海关

其实，清朝实行闭关锁国政策虽然能阻止西方殖民势力的扩张、但也给中国社会带来了严重的不良影响，它导致了中国的闭塞、停滞和倒退，使中国更加远离世界发展的潮流，为后来的鸦片战争埋下了隐患。

"竟然关闭了关税最便宜的宁波港！我们的成本又要增加了！"

虎门销烟

就在这个时期,英国商人发现了一个赚钱的好门路——贩卖鸦片。于是,他们从自己占领的殖民地把鸦片输入到中国,清朝官吏们阳奉阴违,拿着英国人给的好处,无视鸦片在中国大地上肆虐。

由于鸦片贸易严重败坏了中国社会风气,摧残了人民的身心健康,破坏了社会生产力。所以,1838年底,道光帝颁布禁烟令,派钦差大臣两广总督林则徐前往广州负责执行。1839年3月,林则徐抵达广州后,便开展了轰轰烈烈的禁烟活动。6月3日,林则徐在虎门公开销毁鸦片,向全世界表明了中国人民反抗侵略的决心和勇气,史称"虎门销烟"。1840年1月5日,林则徐根据道光帝旨意,宣布正式封港,断绝和英国的贸易。

第一次鸦片战争

林则徐销烟和封港的举动极大地引起了英国政府的愤慨,于是,英国政府决定对中国施行报复性的战争。

1840年6月,英军舰船47艘、陆军4 000人在海军少将懿律和驻华商务监督义律的率领下,从印度出发,陆续抵达广东珠江口外,封锁海口,鸦片战争爆发。

7月6日,浙江定海沦陷。英军继续北上,本来立场坚定、态度强硬的道光帝见英国军舰步步紧逼,竟然开始动摇,甚至告诉英国人,允许通商和惩办林则徐,以此求得英舰撤至广州,并派琦善南下广州与英军进行谈判。

不过义律可不吃这一套,他看出琦善是在拖延时间,于是在1841年1月7日,义律下令攻占虎门的大角、沙角炮台。这场战役中,清军死伤700余人,师船、拖船沉毁11艘。琦善被迫让步,与义律签订《穿鼻草约》,林则徐被发配新疆。不过《穿鼻草约》由始至终并未经皇帝批准,而琦善也没有在条约上盖关防印,因此该条约不具法律效力。

"你拿个没盖公章的假条约糊弄我!"

道光帝认为英国提出的条件过于苛刻，再加上琦善擅自签订条约，有损大清尊严，就把琦善抄家革职，派奕山、隆文和杨芳赴广东指挥作战。不过义律再次先下手为强，于1841年2月23日，第二次进攻虎门炮台，虎门炮台最终失陷。5月21日，奕山令水陆军1 700余人，在半夜分乘快船出动，夜袭英船。第二天早晨英军2 400人反攻，清军大败。仅仅四天，广州附近要地全失，18 000多清军尽退城内，奕山不得不竖起白旗求和，与英国签订《广州和约》，还强行要求广州商铺缴纳600万银元，以支付英军作为赎城费。英军收钱后撤出广州。

考点聚焦

● 林则徐是伟大的民族英雄，其主要功绩是虎门销烟。虎门销烟向全世界表明了中国人民反抗侵略的决心和勇气，振奋了民族精神，维护了民族尊严。

● 1842年8月，中英签订《南京条约》。

● 《南京条约》是中国近代第一个不平等条约。中国的国家主权和领土完整遭到了破坏，丧失了独立自主的地位，中国开始沦为半殖民地半封建社会。

《南京条约》

看到清军屡战屡败的惨状，道光帝最终派耆英和伊里布为钦差大臣，与英军交涉议和。1842年8月4日，英国军舰驶抵南京下关江面，威胁耆英和伊里布全面接受英方提出的条款，否则即开炮攻城。1842年8月29日，中英双方签订《南京条约》，第一次鸦片战争结束。

中英《南京条约》是中国近代第一个不平等条约，满足了英国大多数的要求。也由此，中国的门户被迫打开，更多西方列强野蛮入侵中国，与满清政府签订其他不平等条约，中国开始沦为半殖民地半封建社会。

小笨熊

黄海海战:北洋水师的绝唱

黄海海战是世界史上第一次大规模现代钢铁军舰海战,也是迄今为止,中国历史上唯一的一次舰队海战。令人扼腕叹息的是,这场持续了5个多小时的海战,以北洋水师全军覆没而告终,清朝政府也基本失去了黄海制海权。

战斗过程

时间:1894年9月17日上午10时23分

地点:北洋水师"镇远"号舰桅楼

1894年9月17日10时23分,北洋舰队镇远号桅楼上的哨兵发现日本舰队。此时,日本舰队的排列为:第一游移击队军舰"吉野""高千穗""秋津洲""浪速"。之后是本队的旗舰"松岛""千代田""严岛""桥立""比睿"和"扶桑",本队侧面与北洋水师相隔的有日军指挥官桦山资纪乘坐的"西京丸"和准备用于内河侦察的炮舰"赤城"。

12时05分,日军第一游击队在先,本队在后,呈单纵阵,接近北洋水师。北洋水师则在提督丁汝昌的指挥下做好迎战准备,在行进中由双纵阵改为横阵,旗舰"定远"号位于中央,其余各舰在其左、右依次展开,舰队呈楔形梯队。

"东北方向发现三艘以上敌舰!"

"各小队须协同行动;始终以舰首向敌;诸舰务于可能之范围内,随同旗舰运动。"

于是，这场几乎倾注了两国全部主力舰艇的、当时世界上规模最大的海战爆发了。

时间：1894 年 9 月 17 日中午 12 时 50 分
北洋水师定远号

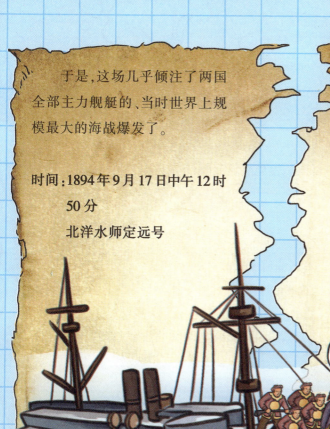

"我们要先发制人！"

号索具被毁，丁汝昌也身负重伤。"定远"号信号索具的损毁，令北洋水师群龙无首，除了跟随"定远"号共同进退之外，已经失去了指挥能力。

13 时左右，日本舰队第一游击队炮击北洋水师右翼"超勇"号、"扬威"号两舰，两舰随即起火。而日本

此时，双方舰队相距 5 300 米，北洋水师旗舰"定远"号首先开炮，日本舰队第一游击队在距北洋水师 5 000 米处即向左转弯，企图驶向北洋水师右翼展开侧面攻击。随后，日本舰队旗舰"松岛"号向"定远"号发炮还击，"定远"号主枪中弹，信

舰队航速较慢的"比睿"号、"扶桑"号和"赤城"号此时成为北洋舰队的打击目标，"比睿"号和"赤城"号受损严重，其他舰只在北洋舰队的猛烈炮火射击下，也严重受损。

时间:1894年9月17日14时30分

地点:鸭绿江口外海,大鹿岛海域

日舰"西京丸"号、"松岛"号中弹起火,退出战场。而北洋水师损失也很惨重,"超勇"号沉没,"扬威"号重伤,驶离战场后搁浅。

随后,北洋水师旗舰"定远"号不幸中弹起火,"致远"号遭受撞击后沉没。"济远"号、"广甲"号在"致远"号沉没后,径直逃回旅顺。此时,北洋水师众官兵早已将丁汝昌的战前叮嘱抛在脑后,溃败逃散,无法保持战斗队形了。15时30分,日本联合舰队旗舰"松岛"号再次被"镇远"号击中,堆积在船上的弹药引发了连环爆炸。

1894年9月17日16时10分

时间:1894年9月17日16时10分

北洋水师"经远"号

在日本联合舰队的攻击下,北洋水师"靖远"号、"来远"号也受损退出

"现在我就是旗舰,以我为首,血战到底!"

经远号

战场。日本舰队旗舰"松岛"号根据战况,发出了"各舰随意运动"的信号。17时左右,"靖远"号和"来远"号经过紧张的抢修恢复战斗力,"经远"号暂代旗舰,升起队旗,收拢各舰。

"定远"号和"镇远"号将士面对敌强我弱的战争局面,仍旧毫无惧色,坚持战斗,试图力挽危局,誓与敌人血战到底。然而,战争始终是残酷的,奇迹没有出现。17时30分,北洋水师"经远"号在遭受重创后,本想撞击日本战舰同归于尽,不料却被日本战舰集中火力击沉。日本舰队发出"停止战斗"的信号,黄海海战以日军胜利而告终。

在经历了包括黄海海战的一系列战争之后,1895年4月中日签订《马关条约》,大大加深了中国的民族危机。

经远号

疯狂的考点测试

选择题：

1."哪吒"和"二郎神"是中国小朋友很喜欢的两位神话人物,在电视剧《封神榜》中,他们帮助一位英明的君王打败了商朝的暴君,建立了西周。这位君王是:

A.大禹　　　　B.商汤　　　　C.周武王　　　　D.周幽王

2.春秋战国时期战争频繁,各国都为了自己的利益而不断挑起战争,下列哪些战役发生在战国时期?

①城濮之战　　　　　　　　②牧野之战

③"围魏救赵"之战　　　　　④长平之战

A.①②　　　　B.②③　　　　C.③④　　　　D.①④

3.年轻时因国内混乱,遭人谋杀,便出逃在外流亡长达19年,曾得到楚国国君的礼遇。后与楚国在战场上兵戎相见,为报知遇之恩而退避三舍。这位国君是:

A.齐桓公　　　　B.晋文公　　　　C.楚庄王　　　　D.勾践

4.《史记》和《资治通鉴》是我国古代两部著名的史学著作,下列事件在这两部史书中都能查阅到的是:

A.春秋争霸　　　B.陈胜、吴广起义　　　C.孝文帝改革　　　D.赤壁之战

5.项羽以少胜多,消灭秦军主力的战役是:

A.牧野大战　　B.马陵之战　　C.长平之战　　D.巨鹿之战

6.秦亡以后,项羽、刘邦所领导的战争的性质是:

A.农民起义推翻暴秦的战争

B.封建地主争夺王权的战争

C.农民与地主之间的战争

D.奴隶主与奴隶之间的战争

7.象棋中的楚河汉界与下列哪个历史事件有关?

A.鸿门宴   B.楚汉之争   C.霸王别姬   D.张楚政权

8."可怜赵军作坑魂,自此群雄不敢西"说的是下列哪次战役:

A.城濮之战   B.桂陵之战   C.马陵之战   D.长平之战

9.下面各项对应错误的一项是:

A. 纸上谈兵——长平之战   B. 揭竿而起——陈胜、吴广起义

C. 草木皆兵——淝水之战   D. 问鼎中原——秦王扫六合

10.淝水之战是一次著名的以少胜多的战役,其交战的双方是:

A.前秦与东晋   B.前秦与西晋   C.北齐与东晋   D.北周与西晋

11.宋金对峙局面形成的标志是:

A.郾城大捷   B.宋金达成和议   C.澶渊之盟   D.岳飞被害

12."戚继光抗倭""郑成功收复台湾"和"雅克萨之战"反映的共同主题是:

A.民族团结   B.反抗侵略   C.社会变革   D.和平交往

13.大陆泉州旅游协会与台南市观光协会,于2012年3月28日签署《郑成功史迹双向游》合作协议书,使两岸旅游交流再向前迈进了一大步。郑成功之所以得到海峡两岸中华儿女如此敬仰,主要是因为:

A.他曾在东南沿海坚持抗清斗争   B.他从荷兰殖民者手里收复了台湾

C.泉州、台南有许多郑成功史迹   D.郑成功史迹促进了两岸旅游交流

14."天皇皇,地皇皇,莫惊我家小儿郎。倭倭来,不要慌,我有戚爷会抵挡。"歌谣中的"戚爷":

A.平息了东南沿海的倭寇   B.打退了沙俄侵略军

C.赶走了荷兰殖民者   D.统一了女真各部

15.下列说法不符合康熙平定三藩之乱的是:

A.削除割据,统一中国   B.迫使尚可喜归降

C.平定吴三桂叛乱   D.首先击败耿精忠

16."四月天山路,今朝瀚海行。积沙流绝塞,落日度连营。战伐因声罪,驰驱为息兵。敢云黄屋重?辛苦事亲征。"这首诗写在:

A.平定噶尔丹叛乱之时　　　　　B.平定"三藩叛乱"后

C.收复雅克萨之后　　　　　　　D.平定大小和卓叛乱后

17.康熙帝设置台湾府和郑成功收复台湾的相同作用是：

A.驱逐了殖民势力　　　B.加强了边疆管理

C.维护了国家主权　　　D.巩固了清朝海防

18.清末著名诗人丘逢甲在《春愁》中写道："春愁难遣强看山,往事惊心泪欲潸。四百万人同一哭,去年今日割台湾。"诗中"往事"是指什么战争的失败：

A.鸦片战争　　　　　　　B.第二次鸦片战争

C.甲午中日战争　　　　　D.八国联军侵华战争

19.在谈到道光帝(1821—1850年在位)为什么把他的墓修筑得比其他帝王墓都要矮小时,北京师范大学历史学院教授龚书铎说:是因为"在他手上打了败仗、丢了土地,没有面目见先帝"。这里所说的"土地"是指：

A.广州　　　　B.香港岛　　　　C.台湾　　　　D.辽东半岛

20.2008年,奥运会帆船比赛在青岛的胶州湾举行,千帆竞发,奋勇争先。但是在110年前,胶州湾里却游弋着外国人的军舰,你觉得这些军舰属于：

A.法国　　　　B.英国　　　　C.德国　　　　D.美国

分析题：

1.为什么春秋时期一些诸侯纷纷争霸？如何评价诸侯之间的争霸战争？

2.元末明初,由日本的武士、浪人及奸商组成的"倭寇"群体,经常到中国的东南沿海地区进行武装抢劫走私,时称"倭患"。针对"倭患"问题,明政府是如何应对的？为抵抗外来侵略,清朝前期政府又曾有怎样的举措？结合历史和现实,请说出我们应如何来维护国家的统一和领土的完整？

疯狂的答案揭秘

选择题答案:

1.C 2.C 3.B 4.B 5.D 6.B 7.B 8.D 9.D 10.A 11.B 12.B 13.B 14.A 15.A 16.A 17. C 18.C 19.B 20.C

分析题答案:

1.(1)一方面是由于周王室日益衰微,失去天下共主地位;另一方面是一些诸侯国由于改革、重视人才等原因强大起来,为了获取周天子过去的政治和经济特权,起来争霸。

(2)争霸战争给社会带来种种灾难。但在争霸过程中,有些诸侯国被消灭,出现了一些疆域较大的国家。

2.(1)明政府:派戚继光抗倭。

(2)清政府的措施:雅克萨之战抗击沙俄。

(3)一方面要加强民族团结,实现各民族的平等。另一方面,对于破坏国家统一和领土完整的行为予以坚决打击。

图书在版编目(CIP)数据

金戈铁马的中国古战场 / 崔钟雷编. -- 哈尔滨：
黑龙江美术出版社，2015.12
（疯狂的历史课）
ISBN 978-7-5318-7294-8

Ⅰ. ①金… Ⅱ. ①崔… Ⅲ. ①古战场 – 中国 – 少儿读
物 Ⅳ. ①K878-49

中国版本图书馆 CIP 数据核字（2015）第 300035 号

书　　名 / 疯狂的历史课
FENGKUANG DE LISHIKE
金戈铁马的中国古战场
JINGETIEMA DE ZHONGGUO GU ZHANCHANG

主　　编 / 崔钟雷
策　　划 / 钟　雷
副 主 编 / 姜丽婷　孙景霞
责任编辑 / 张一墨
装帧设计 / 稻草人工作室
出版发行 / 黑龙江美术出版社
地　　址 / 哈尔滨市道里区安定街 225 号
邮政编码 / 150016
发行电话 / (0451)55174988
经　　销 / 全国新华书店
印　　刷 / 龙口市天骄文化传媒有限公司
开　　本 / 787mm×1092mm　1/32
印　　张 / 3
字　　数 / 200 千字
版　　次 / 2015 年 12 月第 1 版
印　　次 / 2019 年 4 月第 3 次印刷
书　　号 / ISBN 978-7-5318-7294-8
定　　价 / 29.80 元